I0833194

Les Trois Cimes

L'attente du printemps

FONÇANT initialement sur l'autoroute fenêtres ouvertes, les néons défilent à travers le tunnel sous la mer, graffé des griffures raturées, de riffs saturés aux heures de pointe par le vacillement entre le crépuscule sanguinaire d'un côté, de l'autre sa négation réalisée jusqu'à l'effraction aurorale

comprenant des sirènes paradoxales

dés lancés au hasard d'une rencontre

les ombres périphériques en queues de poisson des tombeaux ouverts n'auraient alors traits de misère, de tristesse, laissées pour mortes ; en guise de prologue dehors

au lieu du ciel la grille du plafond

à cet océan carcéral fixée

tes paupières, une ampoule et une étoile clignotent — les bourgeons
patiemment aussi — tout — plus ou moins cependant

c'est bientôt le désert qui couvrira de fleurs

la béance affreuse de nos gouffres sans fond

Des Fleurs

RECUEILLEMENT des tulipes

aux pétales matinaux

et de la frêle corolle

des pétales du magnolia

le cresson noir

et la pluie qui vient

parcimonieuse — rare

asperger les bouquets déliés

des iris dressés sur le ciel de marbre

des fleurs au crépuscule

écloses sans rémission

entre le noir cresson

La Pyramide

1

À LA FIN du week-end

les citadins rentrent en ville

l'autoroute scintille

la montagne retrouve son calme

la lune se lève

les ombres tournent sur leur axe

l'ennui menace

– pourquoi ce poème ?

quel intérêt ?

en ces temps de détresse

chacun devrait se rendre utile

vois ton frère Caïn

regarde le monde s'évertuer

et tu restes planté là

dans ta chambre à écouter Bowie

nager avec les dauphins

– là

si nous n'y prenons garde

des abysses pourraient

nous séparer l'un de l'autre

briser nos liens fraternels

jusqu'à l'envie de meurtre

que les mots du cœur

seuls vont apaiser

pour en ôter la cruauté

car ceci n'est pas une tragédie

j'escompte une fin heureuse

– là

je viens d'arriver

en totale démunition

et l'impression de déranger

l'harmonie du clan

par mes pleurs

mes fluides inopportuns

et pulsions de vivre

– là

je suis celle assise seule au fond de la classe

dont les autres enfants se moquent

entre deux parties de foot

ils me persécutent

pour mes habits ma religion

mes pleurs opportunistes

– là

après m'être bien amusé

je suis un jeune homme sérieux

absorbé par la science

– là

la faim nous dresse

les uns contre les autres

les guerres ont ravagé

ce qu'elles n'ont pu prendre

la torture nous ampute

de toute humanité

– là

dites-vous

je dois me tenir droit

me tenir coi à ma place

faisant allégeance

mériter mon élévation

sur les degrés de la pyramide

mais je suis sous la malédiction

j'ai une mauvaise diction

je suis coffré pour usage

de l'opium du peuple

je suis envoyé au front

d'une agression fratricide

je suis la rue déserte

je suis un lit d'hôpital

je suis le murmure orphique

je suis le divertissant fou

je suis la montagne inversée
je suis le tyran renversé
je suis un animal blessé
je suis l'offrande en sacrifice

au final non je ne veux pas
j'essayais vous me désintégriez
mieux vaut en rester là
de toutes façons j'étais grillé

les choses seraient si simples
la prédestination des purs
la réprobation des autres
les étages de la pyramide
révéleraient les mérites
de ses serviteurs zélés
les élevant au sommet

de sa croissance indéfinie

traduction de la force

effective en oppression

de la faiblesse en asservissement

mais il y a les transfuges

les Juliette et Jivago

qui viennent nous rappeler

que cette vision binaire

parfois un peu paresseuse

peine à saisir la porosité

née de la tension exercée

entre les extrêmes :

2

ce poème ou vivre

fuite en hameaux

s'extirper d'un cri

poumon d'air

cristallisation

la lumière crue

ils nous gravissent

somme de bêtes

animaux découpés

au sein du tri social

ressource humaine

échelons s'élevant

sédiment sur sédiments

de l'eau en glace

en haut se fige

en forme pyramidale

nous brûle en bas

buée s'évaporant

n'est plus

au moins

acceptons

l'absolue pauvreté

selon nos vœux

restés pieux

devant l'église

aux pieds sanglés

au sol dérobé

à la misère durée

qui nous fait face

agrégats annihilés

masse inerte

éboulis de roches

ossements pétrifiés

séismes passés

prochaine secousse

mont fascinant

songe indéfini

nombres infinis

événements

sans perspective

3

ce poème et vivre

après Guernica

nous portons la promesse

comme la flamme se libère

du bois qui brûle

nos corps sont affûtés

d'un pressentiment de grâce

cela vient comme les orages viennent

comme une tempête figée

un tremblement de terre

un effondrement lumineux

comme une douceur impérieuse

une ombre qui déjà part

comme les orages passent

laissés à nos déboires

au sortir d'une chapelle

au bord du lac vers Spiez

les sanglots des saules

plongent en colliers de lianes et de perles

dans le contre-jour

à la base du Niesen

l'inversion de son ombre

a la forme d'un sombre trapèze

touffes de gris et de roses

que plagient à leur aise

les vagues nombreuses

sans autre raison

courant entre les rives

d'illuminer les toiles de Paul Klee

des salutations au couché du soleil

que les honnêtes gens échangent

à son point d'incandescence

un poème aussi

partage l'humble présence

entre le jour et la nuit

au passage invite

au dénuement initial

imperceptible autrement

au moment du crépuscule

elle est à ses côtés

ouverte sur l'éternité

un instant suspendu

ici et maintenant

cependant

toujours

là

4

selon leur ellipse

tournent les astres alignés

sur leur axe assignés

ils dessinent les éclipses

danses et naissance du cinquième soleil

métamorphose du serpent à plumes

destruction créatrice du culte vaincu

au cours du long fleuve sur les terres nomades

hors de la chrysalide étroite du plaisir

où nous avons laissé notre jeunesse

perdue entre les bras dentelés des pelleteuses

à jamais emmurée dans sa chambre mortuaire

plus avant l'errance sans retour

à me morfondre sans fin

attendant que l'inspiration me transperce

avant le dénouement final

la nuit tombe d'une chambre d'hôtel

sans amour sous la lune des Dolomites

une fois les lumières éteintes

par la fenêtre tu vois dehors

l'oblation possible

à l'extrémité logique

de l'exposition au langage

une brume nimbe l'ombre

inverse de la pyramide

remontant la vallée des larmes

figée sous le givre de la nuit milanaise

dont les rhizomes de lumière scintillent

s'élevant sans écraser le dieu des autres

sur la colline où les amandiers fleurissent

les bâches en plastique et la tôle ondulée

la toile des rideaux retient presque ton souffle

tu vois les étoiles la ville qui se lèvent

tu marchais dans la rue et arpentais la plaine

tu croises le fantôme de Robert Walser

tu ouvres grand les bras tel l'albatros ses ailes

et mille fois au moins tu dis merci merci

l'énergie qui te porte et te donne la force

aller de l'avant ce qui s'est passé avant

dehors aussi le vent a chassé les nuages

qui ne sont plus que particules de lumière

pollen qui se pose sur un nouveau poème

trois cimes dans le ciel semblent te faire signe

À une passante

À L'OMBRE de l'air

extrêmement tendu

la distance abolie

les mots m'ont fait un don

mon inutilité

le temps qui me disperse

s'il pleut

raflé sous le vent

jc dćcouvre ma voie

la voix inimitable de Baudelaire

croisant dans la rue
une passante furtive
son regard fugitif
majestueux poème

l'occasion manquée
du contact visuel
formant un couple d'inadvertance
dans les strophes de l'éternité

où les statues se réveillent
du remords et des souvenirs

elle tourne la fin du film

puisant dans les archives

artificielles de la mémoire

que nous écrivions ensemble

l'évidence du scénario

découlerait des réparations

que nous nous devions :

une scène finale à Rio

Sororité

J'IMAGINE DÉJÀ avec délectation la belle couleur sombre aux reflets d'or et de cuivre qui sera la résultante entropique des pigments de la peau

Je plonge parfois en pensée dans les eaux prochaines d'un lagon de rêve où une femme arbore négligemment la splendeur nue de ce hâle désirable et semble, au-delà des siècles lointains, me héler depuis sa transcendante venue

Je songe alors aux vitres du temps à travers lesquelles la sororité précaire de l'avenir prend infiniment forme sous notre préservation fraternelle

Sur le toit

QUAND LE SOLEIL se couche

sur les toits de la ville

ils deviennent la vaste terrasse

conviant au festin

des ruelles ouvrent les portes

de l'hospitalité aux plus démunis

dans des immeubles à la noce

envoûtante de Matisse

et de la calligraphie des vagues

traduisant un poème arabe

sur le rivage atlantique laisse

traîner un dernier regard

sans éclat vengeur

on m'explique

c'était un progressiste

dont les idées loyales

ont été détruites

les organes mêmes

qui les produisaient

par lobotomie royale

les cicatrices attestent

pour l'exemple

les habitants du quartier

qui s'occupent désormais de lui

l'invitent à leurs agapes

sur le toit de Casablanca

si nous fumons le kif sous les étoiles

nous rions sans avoir oublié

Sous la burqa

SOUS LA BURQA des Afghanes

il doit s'en passer des choses ...

allons voir ça de plus près :

LE PÂTRE – descendu des montagnes

où les combats font rage

ignoré de la fortune

je n'ai eu d'autres recours

pour rapprocher mon corps du vôtre

splendide Femme afghane

afin de humer votre odeur addictive

voilant mes attributs masculins

que d'enfiler à mon tour cette robe

bleue mais vraiment pas belle

aux barreaux en batiste

aux détails en dentelle

appréciés des intégristes

au marché de Kabul je vous ai frôlée

dissimulé à l'intérieur du gynécée

à la barbe de votre mari

dans les campagnes talibanes aussi

au bord des rives inespérées où

au milieu des femmes vous vous dévêtez

quant à moi condamné je brûle sous ma bure !

sans détourner le regard

ANISHA – Île inaccessible luxuriance ignorée

Hérodiade persane forteresse hostile

à mon réveil une réalité atroce

par la fenêtre me rappelle à elle

si le droit de sortir m'est accordé

accompagnée bien sûr je devrais entrer

avant dans cette cage en tissu informe

d'où je vois la vie sans être vue

asservie au désir de quelque grand vizir

LE VIZIR – si je suis un vizir jaloux

je ne suis pour autant demeuré

je vois bien qu'il se trame quelque chose

elle est démesurément enjouée

comptes tenus de nos relations

et de sa condition surveillons-la veillons

qu'un autre mâle sur mon harem

n'ait l'audace de poser

ne serait-ce que ses yeux

– sous votre burqa je vous protège

– pas des bombes, cependant, ô Vizir

– non, des regards lubriques

– c'est déjà ça, [*à part soi* : bouffon]

– comment ça : « *à part soi* » ?

– si vous saviez, Vizir

– tirons cette affaire au clair

– qu'entendez-vous par là ?

– un affreux doute s'est emparé de moi

– comme je compatis. De quoi s'agit-il ?

– depuis que votre parente est parmi nous

ANISHA – jamais je ne l'admettrai toutefois

(à part soi) il est vrai que je suis troublée

elle est très affectueuse et distante en même temps

elle ne se dénude pas devant nous

mais quelque chose m'attire irrésistiblement

un charme insondable en sa présence

comme si c'était un homme

mais respectueux

avec des manières pleines de tendresse

n'élevant jamais la voix

qui me couve du regard

à qui je semble délicieusement plaire

Les liens du miel

I.

SOUS LES ÉTOILES qui s'écoulent lentement dans le fleuve céleste, mes mains éreintées retournaient déjà la terre aride attendant avec gratitude une aube imminente éclairer le ciel où l'air est pure promesse. Les particules des gaz matinaux ne s'échappent pas des véhicules à l'arrêt, aucun avion ne laisse son terne panache à sa suite. Au levant sur la plaine qui semblait être l'horizon infini apparaissent des montagnes majestueuses que l'on croyait n'exister qu'en rêves. Un voile tenace de brume qui tout le temps nous les tenaient cachées aujourd'hui s'est levé

dans le champ ce matin

la voyant desserrer son sari

les monts aussi ont rougi

Mon sari je l'ai plié, j'ai mis des vêtements chauds sous la réprobation et les quolibets j'ai laissé en plan mon harassant labeur et sur le sol l'étoffe de mon surah. Aujourd'hui je veux monter sur les montagnes qui nous attirent fouler le tapis étincelant de poussières d'étoiles

pas de photos pas de réseaux

pas de maris ni de frères

seule en ces lieux reculés

ma présence incongrue

épuisée j'attendais misérablement que je meurs tu m'as ouvert les portes de ta demeure, atterrée les habits maculés de boue tu m'as hissée au faîte de l'amour, tu as remis dans mon cœur violet la vie qu'ils avaient violée quand intouchable aux yeux du monde tu m'as donné la main sans honte

Kabîr m'a dit

quelle délivrance espérer dans la mort ?

la délivrance advient en cette vie

reçue pour faire l'expérience

du suprême amour

Alors que voilà des chocards la horde fraternelle qui se dispute une maigre pitance à coups de becs.

cristaux de rosée

je n'attendrai pas

que le givre étincelle au soleil

j'aurai franchi le ressaut

Je n'ai qu'une corde de chanvre pour me retenir de tomber au fond du dédale chaotique des éboulis le long d'une sente suivie sans savoir jusqu'où mènent les détours qu'elle déroule entre les névés poudreux d'une combe je m'enfonce dans les vagues profondes que les tempêtes ont formées. Et si les bourrasques effacent ma trace qu'elles emportent aussi mes tourments, sourde aux assauts du passé je n'entends plus que le bruit de mes pas sur la surface bleue des rivières éteintes

enlisé à travers la plaine

le lit du fleuve à sec

tord ses méandres comme un insecte

en convulsions vaines

Je ne me retourne désormais plus sur le haut chemin parcouru évitant ainsi l'effroi du vide mais le froid qui engourdit mes membres et l'épuisement vont mettre un terme à ma quête obsessive si je ne franchis pas bientôt cet escarpement rocheux

j'ai fait fausse route

ne m'accable pas

ouvre-moi une voie

où il n'y en a pas

il y a trois gros rochers qui m'empêchent d'approcher, il y a une vertigineuse falaise sur laquelle je ne me sens pas à l'aise

devant moi il y a une paroi dressée et passer par dessous je ne suis pas pressée tant les concrétions dans le ciel d'huile sont effilées comme des aiguilles

la roche offre peu de prises et quelques mauvaises surprises quand un sérac surplombant cède sous l'effet de l'érosion qui de toutes montagnes un jour ou l'autre aura raison les rochers sans hésiter roulent au fond de la vallée où j'ai entendu l'appel et j'y suis allée, comme si j'avais été sommée de m'incliner aux pieds de ce sommet

le dragon blanc déferle

le blanc linceul essaye

me recouvrir d'un drap

à présent que les précipitations ont comblé les crevasses sur la langue glaciaire tirée jusqu'au dégel j'avance admise dans l'immensité matricielle de la montagne où l'évidence de la dévotion lève les dernières ombres du doute je jette l'autre bout de la corde que le nœud accroche une fissure et d'un altier écart je m'élance dans le vide

pourquoi trembler mon cœur

enroulée à cette corde

comme à l'Alliance passée

pour l'éternité

sous la grâce dans le précipice tu es l'innocence présentée en sacrifice pour leurs fautes découvertes au fond des cratères on jette les justes à terre on brûle on pille on les met à l'asile

souveraine Kâlî

brise le cercle

qui nous piétine de violence

résignés au sacrifice

sur la neige

sans déranger les lagopèdes

reposent tes cheveux noirs

déliés en paix

d'abord j'ai senti

tiède en mes entrailles couler

ensuite seulement

sur mes lèvres le miel

II.

la première neige est tombée pendant la nuit j'ai lutté avec des démons, comme ce matin n'oppose plus de résistance j'empaquette promptement mon bardas dans un sac, mes skis sur l'épaule. Adieu sans regrets aux stratus qui ont établi le camp de base de leur miasme saisonnier, je cours presque déjà prêt je suis en route, je pars faire un tour.

sans prendre le temps

de briser le jeûne

j'imagine la cime

dévalant la pente

derrière le paysage saturé d'hôtels, enfin l'opulence post traumatique de la station est surmontée quand des clairières s'inclinent à l'ombre préservée, le temps vient alors à la peau tendue sous les skis de tracer une escapade linéaire en direction des versants que le soleil a délaissés, ainsi la neige reste tellement légère qu'on flotte dessus à fleur d'épiderme restitué selon l'ivresse des ellipses sinusoïdales promises à la descente

les spatules glissent

laissant sur la neige

la preuve irréfutable

de furtives caresses

épousant tête baissée la ligne de faîte, je n'ai pas vu que je déviais, pourtant je sens que je suis sur la bonne voie même si un voile de contrariété a vainement tenté d'envahir l'espace laissé par l'omission de la moitié du matériel nécessaire à une telle ascension, j'ai avec moi l'essentiel :

dans ma précipitation

j'ai tout oublié d'emporter

sauf une gourde d'infusion

de thym au miel

La tempête

Sur des images des visages graves ; des femmes et des hommes décharnés errent dans les rues jonchées de gravats des façades écroulées sous le sel du ciel brûlé. La ville est à terre et semble ramper hors d'elle-même comme un serpent hors de sa peau. L'argent de la guerre a fait son œuvre. Des gisants laissés sous les décombres germera le ressentiment attisé contre tout ce qui représente sa caste. Et le désir de vengeance de réclamer son dû à l'argent qui coule d'une restauration dévoyée, des nuages convergent au-dessus de l'Elbe brune qui charrie ce qu'elle peut pour effacer la tache sur l'honneur de la nation et la laver du fardeau de la dette.

Des images objectives, la mémoire est sélective et s'efface. Contre l'oubli des événements : des images – des faits – Hambourg, novembre 1918, l'Allemagne vaincue est livrée à l'abîme béant de l'antisémitisme et la vision insoutenablement précise la folie d'état légiférant la spoliation massive suivie des rafles acharnées d'innocents. En un éclair la peur les sépare, inflige à traits trop clairs, la précipite en enfer. En finir d'un coup

l'asile est comme une bulle

entouré d'arbres dans un grand verger

un loup veille dans ma cellule

et mon âme folle est son berger

et l'asile est une bulle

Le pronostic est fortement défavorable quant à une restitution *ad integrum*, vu l'état de délabrement mental dans lequel la crise psychotique a laissé le nouvel arrivant.

Dans ce jardin le berger veille sur le loup

la tempête éclate au temps opportun

le calme revient d'un seul coup

j'ai perdu mon rêve on m'en rapporte un

dans ce jardin le berger veille sur le loup

Trois années d'internement ; le traitement n'a pas donné les effets escomptés. Absence de progrès significatifs, stabilisation, épisodes de rémission fugaces, tout au mieux, confirmant le faible espoir d'un recouvrement du fonctionnement antérieur. On ne saurait envisager une remise en liberté sous aucun prétexte, tant il entre encore périodiquement dans un violent déchaînement insurrectionnel, auquel répond l'écho venu des cellules du chœur.

Anagramme :

Non je ne jouis pas d'une belle vue

si seulement

si je pouvais sortir

ô toi Air marin

je connais ton pouvoir

tu sais comment combler

sous le kiosque à musique

la joie d'yeux révulsés

mais un faune dans l'allée folâtre

au soleil zénithal

à sa suite une farandole

forme une ronde débraillée

entrant en transes

dans les effluves de l'orangerie

mène ses ménades

ingénument un jeune faune

les anges ne servent à rien

s'ils restent assis dans leur loge

où vous êtes à l'étroit

sortez venez concevons

une chorégraphie ailée

dansons la mort la guerre

flottons par-dessus la destruction

de l'insuline dans l'infini

au-dessus des cadavres

grand assemblé bras tendus

le long du corps sacrifié

À bout de patience le satyre

passé de larve à imago

ouvrant ses ailes son dévolu jette

sur la première nymphe venue

et les époux bannis de la nuit

de batifoler dans le lac

aimant de s'être tant aimés

ivres de vos baisers

dans le sang versé

en vue délibérée

lorsqu'aux premiers rayons

des papillons de couleurs

illuminent la cour

en virevoltant ainsi

ils réconfortent ceux qui souffrent

le reste du temps

dans le cocon de leur peur

le regard perdu

dans les allées désertes

Une fois la surrection matée, chacun fut ramené en son antre.

Parfois, il en vient à tordre sa croix en longues onomatopées, pendant lesquelles il expectore sa peine à pierre fendre en implorant Prospero

Quel est notre devoir envers notre pays, en temps de guerre ; entre deux guerres, est-il nul, n'y sommes-nous pour rien dans la débâcle ? Quelle est notre responsabilité individuelle, quelle part en avons-nous prise, quelle place pour la lecture et l'étude devant le temple sous les bombes ? Comment l'iniquité du sort, de la naissance serait-elle pardonnée, à quel prix ? Comment l'État, le roi, réparent-ils l'injustice commise à chaque coin de rue, celle contre l'innocent condamné à tort, mis à mort ? Comment éviter que pire s'ensuive ? L'inimaginable

le vent s'est levé avant le soleil

s'engouffre par les interstices

entre une fissure il se glisse

et siffle dans mes oreilles

le vent s'est levé avant le soleil

il me rappelle que je suis vivant

si je voyage reclus dans l'oubli

je ferme les yeux je sens le roulis

des vagues qui me portent sur la mer et le vent

qui me rappelle que je suis vivant

c'est le vent du sud

qui chasse les nuages

au loin aucun orage

l'herbe est jaune et brûle

sous le vent du sud

vivre dans le désert

malgré le vent

sables mouvant

couvert de poussière

mais vivant

vivant dans le désert

vipères crotales de leur trou sortent

quand l'eau vient à manquer

rien à boire ni rien à manger

le venin des crocs va saisir l'aorte

vipères crotales de leur trou sortent

l'eau le feu attendaient les venimeux reptiles

qui ondulaient autour des longs cous et des bouches

dans la coiffure des femmes aux fleurs de courge

qui savaient aussi se montrer dociles

implorant le ciel après les ablutions

et l'éclair pour que lèvent les moissons

l'eau le feu attendaient les venimeux reptiles

loin des rases campagnes

sculptant des arabesques de brumes

la tempête a fait rage

au sommet des montagnes

elle a porté des légumes

loin des campagnes rases

la paix est retrouvée après s'être agités

lors du rituel dédié aux serpents

à l'appel plaintif des flûtes de Pan

des nuages la tête sagittée

avec foudres dans le ciel vient enfin

puis tombe de l'eau comme un nouveau vin

et recouvre l'esprit qui était agité

il y aura une nuit et il y aura un matin pour celui qui grelotte prisonnier dans le ghetto, le captif dans sa cellule

au fond d'un camp, au cœur de la ténèbre, inlassablement, une prière ira s'unir au silence de la nuit

secrètement l'espoir du matin prochain
renaîtra au cœur du silence en nous

aux cendres froides nues sur le sol glacé nos larmes sont mêlées, une marguerite y poussera, ses racines dans la terre, ses pétales dans le ciel florentin et il y aura une nuit et il y aura un matin

auprès de ceux qui souffrent, au cœur de la nuit inexaucée inlassablement
il y aura une nuit, il y aura un matin

Le poète maudit

Les campagnes grimaçantes d'avoir été sorties de leurs gonds saisonniers étaient instinctivement parties à l'assaut des coteaux où sont repoussés les cépages héroïques mais il y a là une parole qui fait vivre si seulement elle n'est à rien asservie, que la barbarie désenchantée ne peut s'empêcher d'outrager, il y a la survivance poétique en son sein. Faire comme si de rien n'était, comme si rien ne s'était passé, aurait été pire que ne rien faire ;

l'occasion était trop belle de se débarrasser d'elle

au sein de la cité idéale tu dois aussi te peindre en rouge tu dois vendre des lilas à la nuit tombée dans cette robe même s'ils chantent tu ne dois pas tu restes sous les néons dans les couloirs s'engouffrent alors les bouches du métro à la rutilance passée des escalators par tous les temps les gens pressés bousculent sur d'autres ton regard perdu dans les éclats des rêves que nous eûmes

ravissante dans cette robe de malheur

doctes cuistres et goujats illustres saluent les orageuses fanfares d'août défilant au loin qui t'indiffèrent car tu es inconsolable d'avoir trempé tes lèvres dans une encre indélébile amoureuse d'un jeune moine après que vint ta lumière oisif et nerveux et oiseux comme un moineau

oiseau prêt à s'envoler méconnaissable à tire d'ailes de cire vers les sommets de son imagination pour ciseler les tournures hardies censées s'accorder avec les atours de la beauté volatile

sur la troisième cime un ménure délire

débordant des marges grotesques solidement harnaché sur le dos d'un rat gros comme deux chats je quitte à regret le bouge où nous buvions le houblon des damnés au fond des confidences pour y défendre une étincelle de vie obstinée malgré les forces de l'ordre arrivant en sentinelle du petit lait dans l'air vicié du capitalisme finissant quelques restes

mais très peu pour nous

les abricots fendus du jardin des délices nous poussent au bord des flammes qui jouxtent la potence à manivelle pendant qu'un insecte grince un air sur une vielle savoyarde une flèche obstrue l'anus d'une créature famélique courbée pourtant sous le poids de ses propres sédiments

une résolution connue des psychologues

des rivières rouges jaillissent de son cœur criblé quand il sort de l'atelier comme de sous la tente du rendez-vous sûr d'avoir trouvé les formules ultimes du chant griffonnées sur des pages qu'il réduira rageusement en miettes dès le lendemain le plongeant dans un profond désespoir jusqu'au frémissement prochain de sa muse endormie à même le sol d'un taudis sordide aux murs décrépits où du bruit saille de toutes parts et en souffrant des articulations aussi à cause du taux d'humidité ahurissant de cette pièce

et courent des enfants hilares tout autour

n'en pouvant parfois plus de livrer corps et âme aux transes tandis qu'une brise nettoie les monceaux de pourpre ils franchissent à découvert d'hypersensibles steppes dans la sainte errance puis partagent le pain liturgique de leurs offrandes suicidées devant l'autel du silence en fixant le masque léthargique de l'éloignement définitif seul un maudit poète passe dans la rue qui mène au couvent sous les lueurs spectrales de la nuit moscovite

projetant des ombres utopiques

l'avenir sans héros se défaisant sans répit de l'oppression qui efface la trace de la beauté de nos vies, vous nous excuserez d'avoir pris la liberté des uns là où commence l'ébènitude infinie des autres : l'épreuve du langage dans sa pureté ou sa pauvreté, si vous préférez

un poème exhumé comme une opale noire

tôt le matin réfractaire à l'idée même d'aller vendre de pauvres mots nés dans tes mains liées – une fois ta résistance vaincue rien ne fut vain de ton implication, de ton zèle

assez écrire épris trop d'étoiles

par ailleurs s'étirent des étendues d'huiles de couleurs de gouaches d'aquarelles que l'eau dilue le bleu sombre du fleuve l'orange le soleil du jaune le rivage le bleu pâle des montagnes plus loin le halo vert foncé du soir au contour des corps

les rires de la fête et des éclats de verre
tes lèvres promettent aux miennes le ciel
Reine qui attend un rayon d'or et de miel
qu'une abeille ouvrière est honorée de faire

Fœtoscopie

LA MESURE FAMILIÈRE

d’un battement de cœur

et toutes les langues de Pentecôte

dans l’obscurité utérine

cathédrale gothique

où elles résonnent

formant de nouvelles cellules

l’omniscience amniotique

les traits du visage

telle une esquisse de Vinci

avant tout respire

avant notre naissance

nous a tendu la vie :

nous l'avons saisie

en suspension dans l'eau endormie une goutte de sang risque sa dissolution formelle au moindre mouvement de tes cils si les ailes démesurées de l'effet papillon mélangent l'étreinte de nos corps fluides

le jour du retour en joie

les portes s'ouvriront

nous aurons fait notre temps

au sein de ce monde

un peu comme le nourrisson

que Madame Tagore

porte de droite à gauche

l'enfant sanglote lorsque du sein droit sa mère le retire, pour trouver l'instant d'après auprès du gauche sa consolation[1]

1. *The child cries out when from the right breast the mother takes it away, in the very next moment to find in the left one its consolation*, Rabindranath Tagore, *Gitanjali*, chant 95

Un matin

EXISTE-T-IL des silences

plus outragés que cet enfant

aux yeux couleur de la pluie qui tombe

assis couché en plein chantier

regardant le ciel brûler dans ses yeux brûlants

aux premières lueurs qui l'ont vu bondir

le jour n'eut plus de remords

le silence blessé passa de main en main

la douleur vive garde son âme d’enfant

pour survivre qu’elle soit laissée au matin

tu n’en as plus besoin

dans une heure nous serons loin

Aletsch en août

MORAINE abandonnée
à son triste sort

immortalisée
souriants à nos téléphones

défigurée
béatement honteux

amorphes
déroulant benoîtement le fil

de la catastrophe
qui s'accroît

sous l'impérieuse poussée
des profits aveugles

au reste

c'est la dèche

Charbon du Valais

LE TRIPLE TOCSIN ce matin
me rappelle à tant de choses

que le rêve avait effleurées

le rêve de ma vie passée

nous aurions pu fonder

un foyer en Valais

comme tu voulais

j'aurais tant voulu

mais le réveil est brutal

qui te laisse seule

je descends sous terre

la mine se referme

ici nous sommes tous

marqués au même fer

celui de la misère

du charbon et du soufre

pour que les puissants puissent

s'offrir une industrie puis

se passer de nos services

nous fouillons les entrailles de la terre

nous creusons des galeries
en extrayons l'anthracite
qui brûlera dans les fourneaux
les métaux en fusion

les lanternes dessinent
ce que la veine pourvoit
la géométrie des jours
à grands coups de pioche

les os des morts blanchissent
sous les monticules de houille
au son des explosifs
le minerai abdique

les chariots remontent

vers la surface

la roche grise et grincent

nos labeurs mal rétribués

à peine suffisants

si les années fécondes

voient un enfant naître

à l'hôpital de Sion

j'exhumerai les gravats

au fond des gouffres s'il le faut

pour qu'une marmaille

descendent le Rhône

essaime nombreuse et s’établisse

sous des cieux américains

ou bien plus lointains

établisse et se souvienne

Melissa traversant le Mexique

dans un bus de nuit

nous nous sommes parlés

mêlant nos idiomes ancestraux

Prélude au clair de lune

Du repos me fut accordé

les conditions d'oisiveté réunies

pour l'écriture d'un tel poème

et les soins apportés au corps

le réconfort des baumes

tout dire est possible à présent

de retour sur les lieux de la rime

me hante depuis la béante abîme

que connaissance nous fîmes

en toutc innocence sur les lieux de la rime

tout est possible à présent

des nuages gris et blancs

sont portés par le vent

l'air est lourd

il va pleuvoir

les enfants tirent profit

du sol rendu glissant

pour dévaler le talus sur les talons

et rire

en chutes successives

rivé aux antipodes

de l'attitude

j'envie leurs jeux

sans vouloir y risquer

mes vieux os

la Nature généreuse

a pourvu la journée

de lumière et d'autres bienfaits

qu'en ai-je fait

n'ai-je fait que chanter ?

les grenouilles aussi chantent

quand elles sont contentes

les enfants ont grandis

le grésil sur la vitre appelle

ils nous rejoindront la nuit

suivant son cours

le sens recherche un plan

la direction d’une rencontre

prémonition incitant à

la force de son surgissement

de ce qui est seulement possible

nullement nécessaire

peut jaillir une telle profusion

de joie pour la vie

comme de tomber amoureux

un poème est seulement possible

Non-lieux

LE VENT à l'enfant souffle

le poème démonté

qu'il récite à tue-tête

dans la tempête médusée

qu'au matin toutefois s'apaise

son monde d'incompréhension

déferlant en devenir

éveil de ma vie au sens intempestif

oui tous les mots sont là

tous les arrangements possibles

disparaître m'avait manqué

l'envie de fusion me manquait

tant le courant nous porte

à présent au cœur du langage

un pressentiment d'immanence

traverse l'humiliation du jour naissant

un instant entre nos prières confuses

l'élan périlleux qui relève de l'amour

qui nous a donné la force de venir ici

au bord du seuil décuplé

nous tenir sur le cercle abrupte

aux épaules des autres danseurs

je me vois encore arriver là

sous les cieux vidés de la ville

demandant où aller tant l'aumône est honnie

mon Dieu qu'il fait froid si on capitule

je suis venu

tu vois

je suis vaincu

plongés dans votre contemplation

qu'attendez-vous de nous

grands oiseaux découpés dans le bleu

devant l'irruption printanière

les prémices poussées de la terre

(blé olivier vigne)

en laquelle nous allons descendre

sur l'échelle du vertige

expliciter l'expérience des sens

de l'éruption créative le vain névé

qu'aura été ma vie empêchée

d'avoir eu lieu

désormais réduite à néant

que la pluie efface mes traces dans la neige

et que les nuages longuement se dissolvent

eux reviendront demain sous une autre apparence

former la ronde des saisons prochaines

s'ils le pouvaient

ils détruiraient aussi notre ciel

mais sous la voie lactée

paissent les bêtes des troupeaux

qui ont suivi notre exil

lorsque nous fîmes feu dans le désert

de tout le bois de notre misère

déjà j'incline au fol espoir
du côté de l'immanence obscure
qui donnerait sens à ma vie à la danse
d'approcher sous une demi-lune
mon corps consumé en noir voyageur
guidé par son amoureuse certitude
de cet humble labeur messianique
sur la route reliant les villes de Bohême
ou le long des canaux du Kerala
comme le fantôme des lieux
où je ne suis pas allé
laver l'ombre du doute
dans la dévotion rendue
des seules notes prises

des livres qu'il reste à délivrer

le poème des montées — présage

l'onguent répandu de l'exode

à leur ombre où des anges

qui sont trop de lumière

ont laissé une place

pour la récolte à venir

la moisson de consolation

pour tous nos efforts

multipliés par zéro

Table des matières

www.poetic.ch

www.ingramcontent.com/pod-product-compliance
Lightning Source LLC
LaVergne TN
LVHW061204120826
845149LV00011B/1908
9781291949865